AF385181

CATALOGUE

D'une belle Collection de DESSEINS
& ESTAMPES d'un très-beau choix
de tous les meilleurs Maîtres Etrangers
& François.

Dont LA VENTE se fera le Jeudi 4 Février 1762
& jours suivans, au plus offrant & dernier
enchérisseur, rue du Battoir, Quartier
Saint André-des-Arcs, dans une porte
cochere au coin de la rue Mignon.

PAR F. BASAN.

A PARIS;

Chez DE LORMEL, Libraire-Imprimeur,
rue du Foin, à l'Image Sainte
Geneviéve.

M. DCC. LXII,

AVERTISSEMENT.

J'AI suivi dans ce Catalogue ma méthode ordinaire pour l'arrangement, c'est-à-dire, que j'indique ce qui sera vendu dans chaque Vacation, à la satisfaction, & pour la commodité des Amateurs, sans avoir la peine de parcourir d'un bout à l'autre le Catalogue pour trouver le numéro que l'on annonce.

Chaque article sera vendu au gré des Amateurs, tout ensemble, ou séparément, s'ils faisoient choix d'une seule Piéce dans l'article.

La Plûpart de toutes les Estampes capitales de ce Catalogue sont ajustées sur du papier d'Hollande, bistré, avec des traits à l'encre de la Chine, au tour, mais sans être collées, que par les coins.

CATALOGUE

D'une belle Collection de DESSEINS
& ESTAMPES.

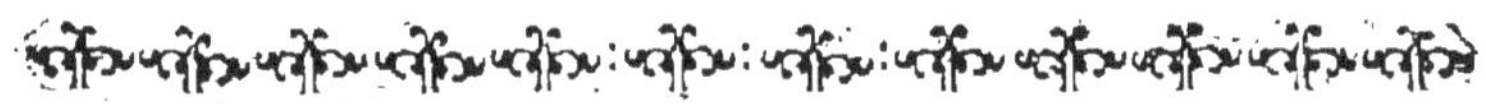

PREMIERE VACATION.

DESSEINS.

N°. 1. Vingt-huit, de divers Maîtres. - - - - 3 - -
2. Quarante-deux. *Idem.* 5 - -
3. Quatre Payfages, Architectures, & Marines, peints à Goüazze, par P. Patel. - - 12 -
4. Cinq Têtes de vieillards, au paftel. 6 - -
5. Deux, Tête & Étude, de Figure très-bien deffinés par F. Boucher. 6 - -
6. Trois belles Académies de Carle-Vanloo, & autres. 7 - -
7. Trois, *idem*, de Natoire, du Mont le Romain, &c. 58 - -
8. Quatre belles Études de têtes, de Natoire, Boucher, &c. 35 - -

A ij

ESTAMPES.

N°. 9. QUatre, par M. Antoine, non retou-
chées, dont le Maſſacre des Innocens la Galathée, &c.

10. La Gállerie du Carache, Par Ceſius.

11. Trois, dont le Chriſt ſur les eaux de
Spierre, une Aſſomption très-belle épreuve
d'après Zucharo, par Matham, compoſée
de vingt figures, dont les Apôtres, la
compoſition & les caracteres de têtes y
ſont admirables.

12. Onze Piéces du Volume de Crozat d'a-
près J. Romain, Romanelle, & autres Maîtres Italiens.

13. Trois *idem*, dont une avant la Lettre.

14. Trente-ſix, par Della Bella.

15. Douze Piéces, dont le Siége d'Arras, par
Della Bella, & pluſieurs eaux fortes de
Peintres.

16. Trois d'après le Pouſſin, très-belles, de
compoſition & d'épreuves. La mort de Ger-
manicus; l'Enlévement des Sabines, & le
Triomphe de Flore.

17. Trois grandes Eſtampes, dont le Veau d'or
d'après le Pouſſin. La Samaritaine du Carrache, par Simoneau, ſuperbes épreuves, &c.

18. Cent trente-cinq Piéces, par Stephanus,
dont la Geneze, &c.

19. Cent ſeize petits ſujets de dévotion & Saints
d'après Rubens, par C. Galle, & autres.

20. Quatre Piéces de Mercenay, dont trois

d'après Rembrandt, & une d'après Vernet; elles sont gravées dans le goût de Rembrandt, & touchées avec esprit.

N°. 21. Deux par Rembrandt, dont la grande Résurrection du Lazare, & la mort de la Vierge. — 8 ... 11

22. La Bataille des Païsans, d'après Breugel, par Vorsterman, superbe épreuve, & très-rare. Beaucoup d'Amateurs mettent cette Estampe dans l'Oeuvre de Rubens, parce que l'on prétend que les figures sont de lui. — 18 ... 10

23. Six de Lairesse, dont deux grands Sujets gravés par lui, & quatre petits Sujets d'enfants, gravés par N. Visscher, qui sont très-agréables, & superbes épreuves. — 10 ... 16

24. Quatre Piéces en maniere noire, par Smyth, superbes épreuves, dont la petite Vierge de Schidon; une Vierge d'après Vandyck, Lot & ses Filles, & le Pot de fleurs, d'après Baptiste : elles sont rares à trouver, belles épreuves. — 4 ... 3

25. Neuf Piéces en maniere noire, par différens Maîtres, dont trois belles têtes d'Apôtres & Evangélistes, gravés par Preisler à Nuremberg, d'après Jérôme Troppa; ce Graveur a surpassé en ce genre tous les autres de son Pays. — 3 ... 8

26. Six, par Goltius, dont les trois Déesses en oval, superbes épreuves, & les trois Vertus. — 5 ... 1

27. Dix-huit Estampes, par Blomaert, Sadeler, & autres, dont l'âge d'or, &c. — 6

28. Vingt-trois Paysages de Sadeler, anciennes épreuves, dont les 12 Mois, &c. — 10 ... 3

A iij

Nᵒ. 29. Six grands Païsages, par N. de Bruyn, anciennes & belles épreuves.

30. Six grandes Batailles du Prince Eugene & Duc de Malborough, par Huchtenburg, superbes épreuves.

31. Deux Piéces très-intéreffantes & fuperbes épreuves, par B. Picart, dont la rupture de la Digue de S. Antoine, le 5 Mars 1650, d'après P. Nolpe, & les cruautés de l'Armée F. contre les Habitans des Villages de Bodegraave & de Swammerdam en l'année 1672. Celle-ci eft d'après Luycken.

32. Trois, par Callot, rares, dont l'Eventail, les Mefureurs de grains, & le Maffacre des Innocens, dont l'épreuve eft avant le nom de Callot.

33. Deux Ditto, le *Benedicite*, & S. Jean dans l'Ifle de Patmos, anciennes épreuves.

34. La Magdeleine des Carmelites, d'après le Brun, par Edelinck, belle épreuve, & Moïfe tenant les Tables de la Loi, d'après Champagne, belle épreuve, & avant l'adreffe.

35. Dix Piéces, par le Clerc, dont l'Arc de triomphe, très-belle épreuve; l'Apotheofe d'Yfis, &c. &c.

36. Soixante-fept Animaux quadrupedes, *in*-4°. gravés pour l'Hiftoire Naturelle de M. de Buffon; toutes premieres épreuves avant l'Edition : cette fuite eft intéreffante, ainfi que toutes les Piéces.

37. Vingt Maufolés, & Feux d'Artifices de divers Maîtres.

38. Cinq Portraits par Vifcher, dont celui de

Bouma, à la grande barbe, Scriverius, &c.

Nº. 39. Trois portraits de Prélats par Drevet & Smyth, dont M. de Vintimille, Archevêque de Paris, Mrs. les Evêques de Valence, & d'Auxerre belles épreuves. —   4 — 19

40. Le beau portrait de Samüel Bernard, par Drevet, avant le titre de Conseiller d'Etat, ce qui en caractérise les bonnes & premieres épreuves.   5 — 11

41. Le portrait de la Reine de France régnante, d'après Nattier, & gravé par Tardieu; cette estampe est un chef-d'œuvre de cet habile artiste, l'épreuve est superbe, & avant la lettre au bas de la planche. —   7 — 11

42. Huit portraits divers, par Houbraken, dont celui d'une Princesse d'Orange, d'un Bourguemestre, rare, &c.   3 — 11

43. Un grand vol. *in-folio* broché en carton, contenant la Passion de N. S. par Grégoire Huret, en 32 piéces; plus 2 autres sujets du même, anciennes épreuves.   15 — 11

44. Un vol oblong broché, contenant les bas reliefs de Perrier, en 51 piéces.   6 — 16

45. Le livre d'Anatomie, de Bouchardon sculpteur du Roi, à l'usage du dessein, en 15 feuilles & la table, broché.   5 — 16

46. La vie de Saint Bruno, d'après le Sueur, en 22 piéces, des premieres épreuves, relié en veau.   5 — 11

47. L'Architecture, de Sebastieni Serlii Bononiensis, Venise, 1569, relié. *avec Nº. 49*   3 — 4

48. Recueil des figures, Groupes, Termes, &c. du Chateau de Versailles, par Thomassin *in-8º.* relié, 218 pieces.   4 — 5

N°. 49. Les emblemes d'Amour Divin, Par Otho
Vænius, relié en veau. *avec N.° 47.*

50. Les Evangiles de l'année en 153 piéces d'a-
près M. Devos, par Vierix & autres superbes
épreuves, petit *in-folio*, relié en parchemin.

51. Un Porte-feuille de différens desseins &
estampes, qui seront partagés en plusieurs
articles pendant la vacation.

SECONDE VACATION.

D E S S E I N S.

N°. 52. Quatorze de divers Maîtres Italiens.

53. Deux Marines, par Puget, ils viennent du
Cabinet de M. le C. de Vence.

54. Dix-huit Desseins d'après différents Maîtres
Italiens, par le Fevre, de Venise.

55. Quatre paysages, Marines, & Architectures
Peints à Gouazze par P. Patel.

56. Vingt-deux d'après les Batailles d'Aléxandre,
de le Brun, très-bien déssinés à la sanguine.

57. Une Bataille avec beaucoup de figures,
bien dessinée, & lavée à l'encre de la Chine,
par Verschuring.

58. Une très-belle Académie déssinée aux
Crayons noirs & blancs, par Pierre.

59. Six Desseins d'ornemens, par Oppenort,

60. Deux belles Académies, de Vauloo &
Pierre.

61. Deux études de tête, & figure par boucher.

62. Six paysages peints à Gouazze.

ESTAMPES.

No. 63. Vingt-une d'après le Parmesan, Guide, &c. gravées en clair obscure. — — — — — — — 5 — 2.

64. Cinq morceaux, par Bonasone, très-beaux d'épreuve, dont Goliath, &c. — — — — — 4 — //.

65. La Bataille de Constantin d'après Raphael, par P. Aquila, belle Epreuve. — — — — — 8 — 01.

66. Six grandes estampes d'après C. Maratte, par Aquila, d'Origny, &c. — — — — — 9 — 19

67. Trois grandes estampes, Ananie puni de mort d'après Raphael, par G. Audran, le Chrift mort du Carache, par Roullet, Adam chaffé du Paradis terreftre, du Dominicain, par Baudet, belles & anciennes épreuves. } 7 — //

68. Douze estampes du vol. de Crozat, d'après P. Veronese, Feti, &c. — 8 — //

69. La femme adultere, grande & belle compofition du Tintoret, gravé par Kilian, pour le vol. de la gallerie Royale de Drefde. 8 — //

70. Jupiter & Antiope, d'après le Titien par Baron, & Galathée, de C. Maratte, par J. Audran, du vol. de Crozat, toutes deux fuperbes épreuves. 8 — //

71. Un Chrift, & le portrait de Piazetta, gravés par Pitteri à Venife, fuperbes épreuves. 9 — //

72. Six estampes gravées à Venife par Monaco, d'après Tiepolo, P. Veronefe. 4 — 15

73. Vingt estampes de divers Maîtres, dont la vie de S. Jean B. d'après André Delfarte, en 14 piéces, &c. 9 — 10

Nº. 74. La Paſſion de N. S. par Al. Durer, le S. Hubert, un repos en Egypte, & la Vierge à la Poire, belles épreuves.

75. Onze eſtampes de Muller & Saenrdam.

76. Trois de C. Viſcher, dont la ſouriciere, la mere de Viſcher & le chat, anciennes épreuves.

77. Le petit bain de Diane, par Goltius, belle épreuve.

78. Trente-cinq eſtampes d'Albert Durer, & autres.

79. Quatre eſtampes dont le Maſſacre de la S. Barthelemi, par Luycken, rare, & trois petites par Romin de Hooge, revolutions de la Hollande.

80. Neuf ſujets pour des Mariages, par B. Picart.

81 La toillette de Venus, d'après le Guide gravée par Strange, célébre Graveur Anglois, cette eſtampe eſt des plus agréables, & rendue avec tout l'art dont eſt capable cet habile artiſte, des premieres épreuves.

82. Sept eſtampes d'après Rubens, & Segers, anciennes épreuves.

83. Douze piéces hiſtoriques, par Luycken, Romin de Hooge, &c. &c.

84. Quatre piéces de Dévotion, par Smyth en maniere noire, dont le Chriſt, d'après Vandyck, les deux Magdeleines, au chardon, & à la lampe, &c.

85. Dix petits ſujets par le même, d'après Laireſſe & autres, dont pluſieurs rares.

86. Six beaux portraits d'artiſtes par le même.

87. Quatre païſages d'après Vincboons par Londer, dans le gout de N. de Brüyn, ſuperbes épreuves.

Nᵒ. 88. Deux piéces en maniere noire, d'après Rembrandt, dont son portrait, gravé par Gole, & une vieille femme plumant une Poule par Houston, Graveur Anglois, épreuves des premieres & avant la lettre. 8 ---- 4.

89. Trois par Rembrandt dont la mort au rats, rare, les petits Pelerins d'Emaüs, & les Vendeurs chassés du Temple. 6 --- 19.

90. Vingt-quatre petits païsages & marines, par Waterloo, anciennes & belles épreuves. 6 --- 19.

91. Vingt-une piéces de Goltius, & Blomaert, dont S. Luc peignant la Vierge, les Apotres, &c. superbes épreuves. 9 --- 19.

92. Les Pastorales de Stella, anciennes & superbes épreuves. 7 --- h.

93. Cent quinze estampes de Callot, Caprices, &c. de plus, la terre Sainte, Ditto. 9 --- 18.

94. Douze morceaux de la gallerie de Saint Cloud, d'après Mignard. 4 --- 10.

95. Quatre estampes des premieres épreuves, & avant la lettre gravées par Aliamet, un des plus habiles de notre siécle, dont deux d'après Vernet représentant des vües du Levant, un four à brique, d'après Berghem, & une vue de Boom d'après V.. Dreneer. 9 ---- 11. / 7 ---- 11.

96. Cinquante estampes de B. Picard, vignettes, &c. 5 ---- 11.

97. Quatorze d'après Boucher, Natoire, &c. 9 --- 19.

98. Soixante-trois petites vignettes de divers Maîtres. 6 ---- 1.

99. Vingt-six idem. 4 --- 7.

100. Vingt-cinq estampes de Mellan, sujets & portraits. 3 ---- 9.

Nº. 101. Trente-cinq piéces de la suite des mariages de M. le Dauphin.

102. Seize portraits divers, Vandyck, &c.

103. Dix idem, de Rigaud dont M. Dodun.

104. Cinq portraits de Nanteuil, dont la Motte le Vayer, &c. superbes épreuves.

105. Le portrait de M. de Villars, par Drevet.

106. Trois volumes reliés, dont les figures de la Bible, avec les estampes gravées en en bois. Paris 1533. &c.

107. Un vol. de cheminées, &c. par le Pautre, & un vol. de Statues antiques.

107. *bis* Un vol. broché, contenant 130 vües & payfages, par Perelle, anciennes épreuves.

108. La Geométrie de le Clerc avec des vignettes de Cochin, *in*-8°. Paris 1744, relié en veau, belles épreuves.

109. Les médailles de l'histoire de Louis XV, par Godoneche, 54 feuilles, brochés.

110. Cinq vol. *in*-4°. contenant des medailles du regne de Louis XIV, par Simoneau & autres.

111. Le cabinet de Teniers, ou de l'Archiduc, anciennes épreuves avant les chiffres, relié.

112. Un Porte-feuille de divers Desseins & estampes, qui seront partagés en plusieurs articles.

113. Environ 60 petites planches, couvertes de Velin, propres à peindre à Gouazze.

TROISIÉME VACATION.

DESSEINS.

Nº. 114. CInquante-cinq petites Têtes, représentant les Rois d'Israël, deſſinées par C. Maratte: ils viennent du Cabinet du Duc de Tallard.   23 — 19

115. Deux jolies Têtes d'enfans, deſſinées à la ſanguine, avec ſoin, par Piazetta.   30 — 11

116. Une Bataille très-bien deſſinée & lavée à l'encre de la Chine, par Verſchuring.   17 — 19

117. Trois Deſſeins de Payſages, dont deux petits, par Vandermeer, & un, par Booth d'Italie.   7 — 9

118. Deux Etudes, par C. Vanloo, pour les Tableaux des Petits Peres.   14 — 11

119. Deux Compoſitions d'Architecture, par Challe, d'un grand effet.   15 — 4

120. Deux belles Académies, à la ſanguine, par C. Vanloo, & Boucher.   78 — 11

ESTAMPES.

Nº. 121. DIx-huit d'après Piazetta, & autres.   3 — 11

121. bis. Saint Pierre reſſuſcitant la Veuve, d'après le Guerchin, par Blomaert, ſuperbe épreuve.   13 — 19

122. Trois d'après Raphael, Guide, &c. dont l'Adoration des Bergers, par Poilly.   5 — 19

123. Huit ſujets d'après Benedette Caſtilione,   16 — 4

gravés à Londres, dans le goût des Desseins, lavés au bistre, tels que sont les originaux.

No. 124. Trois Têtes d'après Piazetta, par Pitteri.

125. Trois Morceaux du Vol. de Dresde, dont Angelique & Medor de Tiarini, &c.

126. Cinq Piéces Ditto, par Kilian.

127. Onze Piéces du Vol. de Crozat, d'après Raphael, & autres.

128. Douze par Wagner, d'après Maïotto, sujets de fantaisie.

129. Quatre d'après Corege, C. Maratte, &c. par Frey, & autres.

130. Cent dix-sept Piéces de Tempeste, bonnes épreuves.

131. Vingt-cinq par Della-Bella, Païsages, &c.

132. Quarante-trois, *Idem*, Carousels, &c.

133. Trente-trois Païsages gravés par Booth, & Ruysdâel.

134. S. Pierre à la Porte du Temple, gravé par Rembrandt, superbe épreuve.

135. Le denier de Cesar, gravé à Londres en manière noire, par Marc Ardell, premiere épreuve, avant la lettre.

136. Quatre Portraits en maniere noire, par Smyth, superbes épreuves. Le Prince de Galles & sa Sœur, en pieds. Le M. Schonberg à cheval. Arabelle Hunt, & Lord Euston.

137. Trois Piéces *idem*. Le Bain de Diane, Psiché & Tarquin.

138. Onze Piéces, *idem*, par Smyth, & autres.

139. Dix-neuf d'après Rubens, dont saint Ba-

von , les Empereurs , &c. &c.

Nº. 140. Le Tombeau de Rubens, belle composition , & superbe épreuve.　8---11

141. Trois d'après Jordans , & Segers , dont
le Roi boit , & les deux Concerts.　5---5

142. Sept par R. de Hooge, & le Pautre, dont
la Cérémonie du Sacre de Louis XIV.　3---11
&c.

143. Deux des plus agréables Compositions
du Poussin , le Tems qui enléve la Vérité,
& l'Empire de Flore , belles épreuves.　6---12

144. Vingt-cinq par Callot; les Pénitens , les
Pantalons , &c.　3---2

145. Deux , *idem*. Le Rocher & l'Eventail,
Piéces rares.　5---4

146. Trois Estampes de Th... de Brye , anciennes épreuves , dont l'Age d'or.　11--19

147. Le Massacre des Innocens par B. Picart.　9---1

148. L'Oeuvre de Gouds , en sept morceaux ,
anciennes épreuves.　28---1

149. Cinq Portraits, par Suyderoef.　6---4

150. Vingt-sept Piéces d'Hollard , dont la
grande Chartreuse, Piéce rare, & les Vais-
seaux , avant les chiffres.　9---1

151. Cent vingt-sept Estampes , des petits
Maîtres.　18--11

152. Soixante-deux , *idem*.　12---11

153. Le Portrait de Justinien , par Mellan,
superbe épreuve.　6---4

154. Quatre Estampes, avant la lettre gravées par Beauvarlet, d'après Rottenhamer
Fragonard & la Grenée.　7---6

155. Vingt-cinq, par Ridinger, Chevaux,
Cerfs.　3---19

Nº. 156. Le Plafond des petits Appartemens de Mignard, en trois grandes Piéces, & cinq d'après Jouvenet, le Brun, &c.

157. Deux grandes Theses, dont Louis XIV. & la Religion, d'après le Brun, par Edelinck, & la These du Dauphin, régnant, d'après Boucher.

158. Soixante - quinze Paysages, du Gaspre, Nieulant, Perelle & Silvestre.

159. La Suite de l'Histoire de Ragottin en vingt-six morceaux d'après Oudry.

160. Trente - huit Piéces de l'Histoire Grecque, par Chauveau, &c.

161. Vingt - une Piéces de divers Maîtres, Boucher, &c.

162. Vingt - huit Piéces, *idem*.

163. Quarante - deux petites Vignettes de divers Maîtres.

164. Dix - sept Vignettes d'après Cochin & Eisen, pour le Piron, & le Grecourt, très-belles épreuves.

165. Trente-six Portraits divers, Rois d'Angleterre, & autres.

166. Six Portaits par Daullé, dont celui de M. Mariette, avant la lettre.

167. Quatre Portraits par Vorsterman, & autres, dont le titre des Hommes Illustres de Perault, par Edelinck, superbe épreuve.

168. Onze petits Portraits par Drevet & Ficquet, dont Madame d'Orleans, Ciceron, Pope, Vadé, &c. &c.

169. Seize Portraits divers par Sadeler, anciennes & belles épreuves, dont l'Empereur Mathias & sa femme.

170. Les

N°. 170. Les Eftampes du Moliere d'après Boucher, par Cars, premieres épreuves en
trente-quatre Piéces *in-4°.* relié.   25

171. Les Plantes de Surinam, en foixante-
douze Piéces, par Merian, broché en carton, *in-folio.*   9

172. Recüeil de Têtes de caractere, & de char-
ges, deffinées par L... de Vinci, Florentin, & gravées avec beaucoup d'efprit, par
M. le C. de Caylus, avec la Lettre fur la
vie & les ouvrages de ce Peintre, par M.
Mariette. Paris 1730. *avec N°. 346.*   9

173. La Suite des Caricatures d'après Saly,
par M. De la Live, Introducteur des Em-
baffadeurs, en dix-fept feuilles, brochés.   8

174. Un Livre à deffiner d'après Piazetta, par
Pitteri, en quarante-huit feuilles. Ce Livre
eft très-intéreffant, & gravé avec un foin
extrême, broché.   25

175. Les Ruines de la Grece, en vingt-quatre Piéces, par le Bas, des premieres épreuves, broché.   37

QUATRIEME VACATION.

DESSEINS.

N°. 176. Deux, par Cafanove, Animaux & Figures.   60

177. Treize d'après différens Maîtres Italiens,
deffinés par le Fevre, à Venife.   4

178. Deux belles Académies, par Natoire &
Pierre.   43

N°. 179. Deux *idem*, de Boucher & Natoire.

180. Quatre Etudes de têtes, par Dumont le Romain.

181. Une Etude de Femme, deſſinée avec beaucoup d'eſprit & de préciſion, par Natoire.

182. Sept Deſſeins de divers Maîtres, dont un de Luyken, &c.

183. Trois, dont deux de Boucher.

184. Quatre Païſages & Architectures, peints à Gouazze, par P. Patel.

185. Six Tulippes colorées ſur vélin, faits avec beaucoup de ſoin.

ESTAMPES.

N°. 186. Quatre Eſtampes avant la Lettre du Cabinet du Roi, d'après le Titien, Carrache, & Palme, belles épreuves.

187. Quarante Piéces de Bonaſone, &c. dont les Apôtres de Suavius, &c.

188. Les ſix Angles d'après M. Ange, par G. Mantüan, ſuperbes épreuves, & les quatre du Dominicain, par Dorigny.

189. Trois Eſtampes de M. Antoine, dont le Martyr de Sainte Bibiane; ſans être retouché.

190. Quatre ſujets de Vierge, du Guide, &c. dont la Fuite en Egypte, &c.

191. Deux belles Têtes, par Pitteri, d'après Piazetta.

192. Les Diſciples d'Emmaüs, d'après le Titien, par Maſſon, belle épreuve.

Nº. 193. Quinze Piéces de divers Maîtres, d'après le Carrache, & autres. 5

194. La Magdeleine au Désert, d'après P. Pagani, gravée supérieurement par Tardieu, pour le deuxiéme volume de Dresde, première épreuve avant la lettre. 8

195. Une très-belle Estampe, gravée en Angleterre, par Ravenet pere, d'après Cazali, Peintre Italien, lequel a remporté le prix du premier Salon des Beaux Arts, commencé il y a deux ans à Londres: elle représente la Reine Gunhilda, &c. 5

196. Treize, par Wagner, d'après divers Maîtres Italiens, &c. 4

197. Deux belles Estampes du Poussin, le Pyrhus en deux feuilles, & le Frappement du Rocher, par Stella. 7

198. Dix Piéces d'après le Poussin, & autres; dont le grand Calvaire, &c. 6

199. Deux belles Compositions de le Sueur; Alexandre malade, & le Martyr S. Laurent, belles épreuves. 6

200. Trois Estampes d'après Ostade & Bramer, par C. Vischer, &c. 3

201. L'antiquaire d'après le Corege, par Vischer, superbe épreuve. 23

202. Quatre-vingt Estampes des Petits Maîtres, bonnes épreuves. 12

203. Les Vignettes du Lutrin de Boileau, pour l'Edition *in-folio*, par B. Picart, superbes épreuves en huit Piéces. 9

204. Onze Morceaux par Luyken, des Révolutions des Protestans, dont le Massacre d'Henri IV. &c. belles épreuves. 8

B ij

No. 205. Six grands Païsages gravés en Angleterre, par Vivarès.

206. Renaud & Armide, & son pendant, d'après Vandyck, belles épreuves.

207. *L'Ecce Homo*, par Bolsvert, d'après le même, belle épreuve.

208. Deux Estampes d'après Segers, superbes épreuves ; un Concert, & N. S. avec, &c.

209. Dix-huit moyens Païsages, par Waterloo, anciennes épreuves.

210. Dix-huit Païsages de Vischer, Hackaert Cl. Lorrain, &c. belles épreuves.

211. Deux par Hollard, dont la Cathédrale d'Anvers, premiere épreuve, avant l'écriture, & la petite vue d'Hollande, d'après Breugel ; toutes deux rares.

212. Cinquante-cinq, *idem*, Païsages, modes & vües d'Angleterre.

213. Trois Estampes, par Muller, & autres, dont un sujet historique & intéressant.

214. Onze par Vandevelde & Goudt.

215. Dix d'après Vouvermans & Berghem, par Vischer.

216. Cinq Estampes gravées par Basan, dans la maniere de Rembrandt, des premieres épreuves imprimées sur du papier des Indes, d'après Rembrandt, Rubens, & Teniers.

217. Six Piéces en maniere noire de Smyth, dont la Dormeuse, les Confesseurs, &c.

218. Deux, *idem*, Venus à la Coquille, & Venus & l'Amour, de Jordans.

219. Cinq manieres noires, par M. Ardell Houston, &c. premieres épreuves.

Nº. 220. Dix, *idem.* — — — — — — 3

221. Trente-huit Païsages de Vandevelde P?
Nolpe, Nieulant, &c. — — — — 3

222. Cinq des Fêtes & Maufolés de Cochin. 6

223. Quatre Eftampes gravées dans le goût
du crayon, par Defmarteau, d'après Vanloo, Boucher, &c. premieres épreuves. 4

224. Deux grandes Marines, par le Mire,
premieres épreuves avant la lettre. 7

225. Trois d'après Vanloo & Boucher, dont
le Bacha faifant peindre fa Maîtreffe, fuperbe épreuve. 6

226. Six de Callot, belles épreuves ; Païfages longuets, & les vües de Paris. 5

227. Cinq, *idem.* La petite Foire, épreuve
avant la lettre, & les Bohémiens, fuperbes 4
épreuves. — — — — — — —

228. La petite Gallerie du Louvre, d'après
le Brun, par S. André. 4

229. Huit fujets de l'Ancien Teftament, par
Ridinger. 4

230. Marie de Bourbon, d'après Vandyck,
par P. de Jode, fuperbe épreuve. 9

231. Deux beaux Portraits, dont l'Amiral
Vanderhulft, par Vifcher, & Kortenaer par 9
Bloteling : tous deux rares.

232. Treize Portraits d'Artiftes d'Allemagne ;
gravés en maniere noire.

233. Douze Portraits des Hommes Illuftres de
Perrault, par Edelink, & autres, dont Col- 5
bert, Perrault, Quinault, Callot, &c.

234. Cinq Portraits divers, dont le Régent
à cheval, première épreuve, &c. — — 3

235. La Suite des Vafes de Saly, gravés par 6

lui-même en trente piéces , broché en carton.

N°. 236. L'Oeuvre de Jordans , en seize piéces , broché en carton.

237. Le Sacre du Roi , dont toute l'Inscription est faite à la main , grand Atlas , broché en carton.

238. Le Plan de Paris , en vingt feuilles , relié en veau , doré sur tranche.

239. Un Porte - feuille de divers Desseins & Estampes , partagés en plusieurs articles pendant la Vacation.

CINQUIEME VACATION.

DESSEINS.

N°. 240. UNe très-belle tête de Vieillard , aux crayons rouge & noir , dessinée par Piazetta.

241. Sept petits Desseins originaux , par Rembrandt.

242. Deux belles Académies , par Vanloo & Boucher.

243. Trois têtes de Femmes au Pastel , par Boucher.

244. Deux Desseins de Noblet , lavés au Bistre , dont l'un représente le Siége de Charleroy , & l'autre un champ de Bataille , après une action.

245. Trois autres , *idem*.

246. Un très joly Dessein par Blakey , dessiné sur velin , à la mine de plomb , fait pour l'Histoire de France.

ESTAMPES.

N°. 247. TRente-quatre Piéces à l'eau forte, par Benedette Caſtilione & autres, têtes & ſujets.　3 ---

248. Deux Eſtampes de la Gal. R. de Dreſde, gravée, l'Empereur, d'après la Guerchin, repréſentant Pyrame & Thiſbé, & la mort d'Adonis ; elles ſont des premieres épreuves, d'une belle compoſition, & d'une gravure aimable, dont cet Artiſte fait choix, dans tous les morceaux qui ſortent de ſa main habile.　8 ---

249. Une belle Eſtampe, gravée par Surugue, le fils, pour la Gallerie de Dreſde d'après le Guide, repréſentant la Vierge & S. Jerome, au bas, &c.　6 ---

250. Quatre ſujets divers, compoſés & gravés, par Tiepolo, célebre peintre Venitien.　5 ---

251. Dix piéces, par Wagner, ruines & païſages.　4 ---

252. Deux d'après Rubens, la chute des Anges par Suyderoef, & la Cêne en deux feüilles, d'après L. de Vinci.　4 ---

253. La deſcente de Croix, d'après Rubens, par Clouvet, ſuperbe épreuve, & très picquante d'effet.　16 ---

254. Sept Eſtampes, dont ſix par Rembrandt, & le S. Jerome de Vanuliet.　5 ---

255. Seize par Rembrandt, originaux, dont le denier de Céſar, &c.　6 ---

256. Dix par Oſtade, Ruyſdaël, &c.　5

257. L'œuvre de Béga, en 31 piéces gravées par lui même.　12 ---

Nᵒ. 258. Quatre par Goltius superbes épreuves, dont les Amours des Dieux, & Pigmalion.

259. Les trois morceaux du coche volé & autres, gravés par Vischer, anciennes & superbes épreuves.

260. Le portrait de Bouma, du même, parfait d'épreuve, avant l'année.

261. Trois portraits, du même. *avec Nᵒ. 264*

262. Deux par Suyderoef, dont l'assemblée des Bourguemestres, belle épreuve.

263. Douze par Vischer, & Goudt.

avec 261 264. Cinq portraits par Vischer, & autres.

265. Quarante - six Estampes d'Animaux, & païsages, par Potter & Berghem.

266. Huit piéces en maniere noire d'après différents Maîtres.

267. Trois par Smyth, dont la Duchesse d'Ormond, en pied, le Frere Quêteur, le jeune Duc de Glocester, auprès d'un grand vase de fleurs, elles sont très-belles épreuves & rares.

268. Six par Smyth, & autres

269. Huit grands païsages, par Vivarés.

270. Huit autres, *idem.*

271. Trente-neuf piéces, par Albert Durer, &c. belles épreuves.

272. La perspective du Pont-neuf, par Della Bella.

273. Quatre-vingt piéces, *idem.*

274. La grande Foire de Florence, faite à Nancy, par Callot, superbe épreuve.

275. Seize piéces, par le même, dont la petite Passion, ancienne épreuve.

276. Six par le même, dont le passage de la mer rouge, les supplices, &c.
avec le Nᵒ. 279.

Nº. 277. Les deux belles Marines d'après Vernet, par Balechou, un des plus célebres graveurs de notre siécle. *21 - -*

278. Trois estampes, dont la Visitation d'après Mignard, par Roullet, premiere épreuve, le S. Louis d'après le Brun, par Edelinck, &c. *7 - 4.*

279. Quatre par B. Picart, dont la rüe Quin-campoix ou l'agiot, le triomphe de la Pein-ture, &c. &c. superbe épreuve. *avec Nº 276. -*

280. Seize sujets de Chasse, de Force, par Ridinger. *4 - 18.*

281. Deux très-beaux portraits, superbes d'é-preuves, Christian IV. Roi de Dannemarck, par Muller, & la femme du Roi Jacques, de la grande Bretagne, par Mirevelde, rares. *12 - -*

282. Cinq portraits par Houbraken, dont Albert Seba, grand naturaliste, & Méde-cin Hollandois, rares
283 Louis XIV, & Louis XV, par Drevet, en pieds. *10 - 1.*

284. Un vol. très-bien relié en veau, contenant les impostures innocentes de B. Picard, belles épreuves. *18 - -*

285. Le livre à dessiner de Blomaert, complet en 166 feuilles, anciennes épreuves, bro-ché en carton. *13 - -*

286. Les Saints & Saintes de tous les jours de l'année, suivant le martyrologe Romain, par Callot, des premieres épreuves, relié en veau. *8 - 19.*

287. Les traits de l'Histoire universelle, sacrée & profane, ouvrage destiné à l'éducation des jeunes gens, &c. par le Maire. Paris 1760, 130 feuilles. *0 - -*

N°. 288. Abrégé des Eléments de Mathématiques, par M. Rivard, *in-8°.* relié en veau. Paris 1740.

289. Les mysteres de la vie de N. S. composés par J. Parrocel & gravés par lui même dans la maniere de Rembrandt, en 60 piéces, brochés en carton.

290. Un Porte-feuille de divers Desseins, & Estampes qui seront divisés en plusieurs articles pendant la vacation.

290. *bis.* Trois mains de papier, de grand aigle fin, propre à coller des Estampes, & quatre feuilles de papier blanc des Indes.

SIXIEME VACATION.

DESSEINS.

N°. 291. TReize de divers Maîtres Italiens, &c.

292. Trois grandes Etudes de Figures, par Diepenbeck.

293. Deux Académies, de Boucher & C. de Vermont.

294. Trois Têtes, de Boucher.

295. Trois, *idem*, Têtes & Enfant.

296. Sept Compositions, par C. de Vermont.

296. *bis.* Une belle Tête de femme, au pastel, par Hallé, sous verre, & en bordure doré.

297. Cinq petites Têtes de C. Vanloo, & deux de Boucher.

297. *bis.* Dix-neuf Animaux divers, colorés.

ESTAMPES.

Nᵒ. 298. DEux, par M. Antoine, la Vierge de douleur, & le Tombeau d'Achilles, avant la retouche.   15 — 1.

299. La Suite complette des Fuites en Egypte, compofées & gravées à l'eau forte, par Domin... Tiepolo, Peintre Vénitien, en vingt-fept feuilles.   15 — 2.

300. Six Sacremens gravés par Pitteri, d'après P. Longhi, tous deux Vénitiens.   17 — 11.

301. Dix-fept Piéces du Cabinet d'Aguilles.   5 — 11.

302. Cinq, par Monaco, Graveur Vénitien, d'après S. Ricci, &c.   5 — 3.

303. Treize, par Wagner, d'après Amiconi,   5 — 11.

304. Cent-douze, par Tempefte, anciennes épreuves.   3 — 8.

305. Une Sainte Catherine gravée à l'eau forte, par Rubens, fuperbe épreuve, & rare.   10 — 1.

306. La Vierge à la danfe des Anges, d'après Vandyck, par Bolfvert, très-belle épreuve.   7 — 4.

307. Cinq Piéces d'après Rubens, dont le Serpent d'Airain.   5 — 2.

308. Cinq, *idem*, dont la Vierge & S. François, par C. Vifcher.   4

309. Neuf Piéces d'après Jordans, & autres.   3 — 19

310. Le Reniement de S. Pierre, d'après Segers, ancienne & belle épreuve. *avec 312.*   8 — 7

311. Deux Piéces, dont le grand Bacanal des Satyres & Léopards, par Suyderoef.   3 — 19

N°. 312. Deux par Rembrandt ; l'Adoration des Bergers, N°. 45. du Catalogue de Gerfaint & le Cochon endormi, belles épreuves.

313. Six, par le même, dont le Docteur Fauftrieus, la Médée, &c.

314. Neuf copies d'après plufieurs morceaux de Rembrandt, très-rares, Copenol, &c.

315. Quatre Piéces gravées dans la maniere de Rembrandt, par Smyth, Graveur Allemand.

316. Les Portraits, de l'Aretin, Bocaffe, Seb-Delpiombo, & Giorgion, fuperbes épreuves avant la lettre, d'après le Titien, du Cabinet de Rheinft.

317. La Chafte Sufanne, d'après le Guide, par Vifcher, premiere épreuve avant la lettre.

318. Cinq Portraits, par Vifcher.

319. La fuite complette des Playes d'Egypte, par Luyken, anciennes épreuves.

320. Sept Piéces du Cabinet de Rheinft, d'après le Giorgion, &c.

321. Le Marchand de mort aux Rats, par Vifcher, ancienne & belle épreuve.

322. Cinq, par Al. Durer, belles épreuves, S. Jerôme, &c.

323. Quatre-vingt, par Lucas de Leyde, & autres.

324. Douze Sujets & Vignettes, par B. Picard.

325. Quatre Piéces, *idem*, dont le *quos Ego*.

326. Vingt-quatre grands Païfages, par Waterloo.

327. Vingt-fix piéces d'Animaux, par Potter & Roos.

Nᵒ. 328. Les Proportions du corps humain, par Dewitte, en douze feuilles.

329. Onze, par Landerer, Peintre Allemand, Sujets & Têtes, gravées dans la maniere de Rembrandt.

330. Huit Piéces de Chasse, par Ridinger.

331. Trois Portraits en maniere noire, par Smyth, superbes épreuves, dont son Portrait, Pope & Locke.

332. Cinq Portraits d'hommes & femmes, par le même, dont celui de Schalcken, & la Veuve assise, &c.

333. Trois Piéces, par M. Ardell, & Houston, dont le Moulin, la Duchesse de Northumberland, &c.

334. Douze Piéces en maniere noire, par différens Graveurs.

335. Trente-deux, par Callot, dont les grands Apôtres, avant les chiffres, les Martyrs des Apôtres, &c. superbes épreuves.

336. Les Miseres de la Guerre, par le même en dix-huit Piéces, anciennes épreuves.

337. Sept, *idem*, dont les Supplices, belle épreuve.

338. Soixante Piéces, Sujets & Païsages, dont la plûpart gravés par le Bourdon.

339. Dix-huit Piéces de composition, par Mellan.

340. Deux Piéces d'après le Brun, dont Louis XIV. victorieux à cheval, par Edelink, & le plafond du Séminaire de Saint Sulpice.

341. Six d'après Mignard, &c. dont la Vierge aux raisins, &c.

№. 342. Trois d'après le Brun, par Edelink, dont le S. Louis & S. Charles, &c. belles épreuves.

343. Le Portrait de Rousseau, par Daullé, premiere & belle épreuve, avant la lettre.

344. Quatre Portraits d'après Rigaud, dont le C. de Fleury, M. de Beauveau, &c.

345. Douze, *idem*, de différens Maîtres.

346. La Suite des Pierres antiques, gravées par M. de Gravelle, en quarante-six piéces.

346. *bis.* Vingt-cinq petites Planches gravées d'après des Pierres antiques qui sont à Londres dans le Cabinet du Duc de Dewenschers.

347. Un vol. *in-folio*, contenant plus de 1200 Piéces gravées en bois par les plus anciens Graveurs : cette suite est intéressante pour l'antiquité & l'assemblage.

348. Le I. Vol. des Fables de la Fontaine, d'après Oudry, grand papier, belles épreuves.

SEPTIÉME VACATION.

DESSEINS.

№. 349. UN grand sujet de composition, des Evangelistes, par P. Farinati.

350. Un superbe Dessein de composition de Guerriers, par André Semino hardiment touché à l'encre de la chine.

251. Un grand Dessein d'une belle ordonnance, où un Pape donne les ordres à un Novice, très-bien dessiné, par Elye, Peintre Flamand.

352. Deux très-belles Académies, par C. de Vermont.

Nº. 353. Trois *idem*, par Vanloo, Boucher & 8 1 .... 1.
Natoire.

354. Cinq *idem*, par C. de Vermont.   3 .... 6.
355. Quatre *idem*.   5 .... 11.
356. Un Deſſein, par H. Rigaud, portrait   9 .... 11.
d'un Contrôleur Général.
357. Quatre-vingt-ſeize Deſſeins, de différents   4 .... 1.
Maîtres.

ESTAMPES.

Nº. 358. DEux grandes eaux fortes, par Pazi-   5 .... 2.
nelli, S. Jean prêchant dans le déſert, &
un miracle de S. Antoine.

359. Six piéces, par Tiepolo, de ſes mor-   6 .... 11.
ceaux les plus intereſſants.

360. Trente-ſix par le Fevre, de Veniſe, d'a-   4 .... 15.
près P. Veroneze, &c.

361. Huit par Wagner, d'après C. Maratte,   8 .... 16.
&c.

362. L'*Ecce Homo* d'après le Corege, par le   6 .... 1.
Carrache, bonne épreuve.

363. Deux eſtampes de la gallerie R. de   7 .... 15.
Dreſde, d'après Procaccini & Mazzuoli.

364. Neuf d'après le Valentin, &c. dont les   3 .... 18.
quatre Evangeliſtes.

365. La grande Pêche miraculeuſe, d'après
Rubens, en trois feuilles.

366. Trois piéces de l'Hiſtoire de Decius, d'a-   17 .... 1.
près Rubens, gravées à Vienne par Schmu-
zer, très-rares & ſuperbes épreuves.

367. Cinq d'après Rubens, dont la Vierge au   9   10.
mouton, le Martyr de S. Laurent &c.

Nº. 368. Sept d'après Vandyck, & Rubens.

369. Cinq d'après Rubens, dont la Vierge à l'oiseau, l'adoration des Rois, &c. &c.

370. Vingt-quatre Plafonds des Jésuites d'Anvers, d'après Rubens gravés par Punt, graveur Hollandois.

371. Trois d'après Jordans, dont le Concert, &c.

372. Sept eaux fortes, dont Joseph en terre d'Egypte, grande & superbe composition, de B. Breemberg.

373. Douze piéces par Rembrandt, Originales.

374. Vingt-huit d'après des Croquis de Rembrandt, par Pool, &c.

375. Quinze, *Idem*.

376. Vingt-huit Estampes en maniere noire, par Smyth, hommes & femmes, belles épreuves.

377. Cinq *idem*, dont Lord Bury, le Jeune Duc de Clocester, &c.

378. Huit piéces en maniere noire par Smyth, & autres, dont la dispute de la culotte & autres sujets grotesques.

379. Cinquante petits païsages par Waterloo.

380. Quatre-vingt douze petits païsages & ruines, Vandevelde.

381. Trente-sept Piéces de Goudt, Vandevelde, &c.

382. Soixante-douze Animaux d'après Potter, par M. de Bye.

383. Six piéces de Callot, dont la petite foire, les deux vues, de Paris, S. Sebastien, &c.

384. Dix-huit d'après Gillot, gravées par lui-même, &c.

385. Vingt piéces de différents Maîtres, dont l'histoire

l'hiſtoire d'Enée, d'après Cotelle, &c.

Nº. 386. Dix-huit ſujets de chaſſes, par Ridinger.
387. Dix-huit *idem*. } 9

388. Trente-ſix piéces des Mariages de M. le Dauphin. 8

389. Les ſept Oeuvres de Miſericorde, du Bourdon, premieres épreuves. 6

390. Le Portrait du C. de S. Florentin, d'après Tocqué, par Wille, célébre graveur; cette Eſtampe eſt très-belle & rare. } 20

391. Six Portraits par Wille, Smyth, & dont Md. Pleſſen, &c. 5

392. Treize divers petits Portraits, par Fiquet, & autres, dont M. Boucher, Chardin, & le C. de Vence, par Cochin. 4

393. Treize autres Portraits par Suyderoef, &c. 4

394. Trente-cinq petits Portraits des Hommes Illuſtres de la Hollande, qui ont mérités le nom de pere de la Patrie, par Houbraken, anciennes épreuves. 12

395. Vingt Vignettes par Cochin, pour le Virgile de l'Abbé Desfontaines, des premieres épreuves. 14

396. Trente-deux vignettes d'après Cochin, & autres belles épreuves. 8

397. Le Cabinet de Rheinſt, complet en trente-quatre piéces, bien relié en veau. 35

398. La ſuite des 100 Portraits d'après Vandik, bien relié & doré ſur tranche. 38

399. L'Oeuvre de Willembaure, par Melchior Kuſſell, en 148 piéces, ſuperbes & anciennes épreuves, relié. 42

C

HUITIÉME VACATION.

DESSEINS.

Nº. 400. UN très-beau Deſſein de Polidore.

401. Deux, par B. Delmore, venant du Cabinet de M. le Duc de Talard, repréſentant un Chriſt mort, & une Réſurrection, très-belle compoſition.

402. Un, par le Guerchin, compoſé de quatre figures, demi-corps, finement touchés.

403. Deux compoſitions par Ambroiſe Dubois.

404. Deux belles Têtes de Vieillards, très-finies au paſtel, par Pierre.

405. Trois belles Académies, par Vanloo & Boucher.

406. Deux Têtes, par Boucher.

407. Deux belles Académies, par C. de Vermont.

408. Trois autres, *idem.*

409. Quatre Deſſeins de Batailles de Parrocel & autres.

410. Sept, *idem*, par Verdier, &c.

411. Trois Portraits, par Rigaud.

412. Vingt-ſept Deſſeins de Caricatures & Ornemens colorés.

413. Seize, d'Oiſeaux divers, colorés.

ESTAMPES.

N°. 414. LE Jugement de Paris, par M. Antoine, d'après Raphael, superbe épreuve, & très-bien conservée. On connoît trop la beauté & rareté de cette Estampe, pour en dire davantage.   79

415. Le Massacre des Innocens, par S. de Ravene, très-belle épreuve bien conservé, & avant la retouche.   19

416. Trois belles Estampes, dont la Descente de Croix d'après le Baroche, par Villamene, belle & très-rare. N. S. porté au tombeau, d'après le même, par Sadeler, & le Jugement dernier, par Villamene. —   7

417. Vingt-six Têtes, par Tiepolo, gravées avec beaucoup d'esprit, dans la maniere de Benedette & Rembrandt.   30

418. L'Aumône du Carrache, grande & superbe composition d'un effet très-piquant, gravé par Camerata, pour le vol. de la Gallerie R. de Dresde, superbe épreuve. —   10

419. La Nuit du Corege, superbe composition gravée pour le même vol. par Surugue le fils, superbe épreuve.   18

420. La Magdeleine, du même, pour le même vol. gravé par Daullé.   18

421. Trois belles Têtes d'après Piazetta, par Pitteri.   5

422. Le Reposoir de Della Bella, très-belle épreuve.

423. Quarante-quatre Piéces, du même; Païsages, Cartouches, &c.   8

C ij

Nᵉ. 424. Deux d'après Rubens ; le Jugement dernier, & la grande Vierge aux Anges, par Vischer.

425. Le Combat des Amazônes, d'après Rubens, & deux autres Piéces, anciennes épreuves.

426. Huit Piéces, par Vischer, dont la Fricasseuse, &c.

427. Cinq Morceaux du Cabinet de Rheinst.

428. Six, *idem*.

429. Six, d'après Vandyck, & autres.

430. La Danse des Païsans d'Ostade, par Suyderoef, ancienne épreuve.

431. Deux Sujets par C. Vischer ; la Descente de Croix & la Résurrection, du Cab. de Rheinst.

432. Trois Portraits, par C. Vischer, dont Junius.

433. Deux Piéces, *idem*. Le Chirurgien & le Negre, anciennes épreuves.

434. Onze, *idem*.

435. Le grand *Ecce Homo*, par Rembrandt, ancienne & belle épreuve.

436. La Descente de Croix, du même, *idem*.

437. Le Portrait du grand Copenol, superbe épreuve, *idem*.

438. Le Portrait de Clément de Jonge, par le même, premiere épreuve avant le ceintre du fond, très-rare à trouver, ainsi que les piéces ci-dessus, belles épreuves.

439. Trois Piéces, du même, dont la mort de la Vierge, &c.

440. Huit, *idem*, dont Joseph, le denier de Cesar, &c.

Nᵒ. 441. Un beau Portrait, d'après le même, par Suyderoef, superbe épreuve. 8 — 1

442. Cinq Piéces, par Vandyck, Mercenay, & autres. 5 — 11

443. L'Oeuvre d'Oftade, complet, gravé par lui-même, en cinquante-deux piéces. 36 — 5

444. Les douze mois, en fix feuilles, par Sadeler, anciennes & fuperbes épreuves, très-rares. 24 — 2

445. La Sainte Famille de C. Maratte, par Smyth, fuperbe épreuve. 9 — 1

446. Deux Sujets de Chaffes, rares, par Smyth. 3 — 15

447. Les Amours des Dieux, d'après le Titien, par Smyth, en dix piéces, fuperbes épreuves, rares. 60 — 11

448. Le Tems qui coupe les aîles à l'Amour, d'après Vandyck, & la Famille de Rubens, gravé à Londres, en maniere noire, par M. Ardell, anciennes & fuperbes épreuves. 19 — 10

448. bis. Vingt-neuf Eftampes, par Lucas de Leyde, & autres. 7 — 19

449. Quarante & une Piéces d'Animaux, de Bamboche Stoop, &c. 4 — 11

450. L'Apotheofe d'Ifis, par le Clerc, premiere épreuve, avec les Danfeurs. La même avec les Sacrificateurs. 12 — 4

450. bis. Quatre Eftampes de Callot, dont la Chaffe, la Carriere de Nancy, le Partetre, Original & Copie, bonnes épreuves. 6 — 6

451. Les quatre premiers Ports de Mer, d'après Vernet, par Cochin & le Bas, des premieres épreuves. 45 — 11

451. bis. Cinq Sujets divers, par B. Picard, la Minerve, &c, avec N°. 452. 6 10 12 — 1

No. 452. Sainte Geneviéve, d'après Vanloo, par Balechou. Cette Eſtampe eſt des plus agréables, des mieux gravées & rare.

452. *bis*. Soixante-quatre Sujets, Vignettes & Culs de Lampes, par B. Picart.

453. La grande Gallerie de Verſailles, d'après Lebrun, par Cochin, ſuperbe épreuve, avant le No. & le Plafond du grand Eſcalier de Verſailles, par Simoneau.

454. La Dévideuſe, & la Récureuſe, gravées par Wille, des premieres épreuves avant la Lettre.

455. Le Pere de Famille liſant la Bible, d'après Greuze, premiere épreuve avant la lettre.

456. Quatre grandes Eſtampes dont la Foire de Beaucaire, &c.

457. Six, par Wille, Dupuis, &c.

458. Huit, par Ouvrier, l'Epicier, &c.

459. Le Portrait de M. de Boulogne, gravé par Wille, d'après Rigaud, premiere épreuve avant la lettre, rare.

460. Dix Portraits, par Suyderoef, J. Livens, & autres, belles épreuves.

461. Quatre-vingt cinq Piéces, par Sadeler, & autres.

462. Soixante-douze Païſages par Sadeler.

463. Cent trente-neuf Piéces d'après Benoît, Batailles & Conquêtes du Roi, &c.

464. Phytanthoza Iconographia, où Recueuil de Plantes & Fleurs colorées, en quatre gros vol. *in*-folio, imprimés à Ratiſbone, en 1025 planches, avec diſcours Italien & Allemand, très-bien relié, des premieres épreuves grand Papier.

Nᵒ. 465. Le Temple des Muſes avec le diſcours par l'Abbé de Marolles, & les figures de Diepenbeck, ſuperbes épreuves, très-bien relié en Maroquin rouge, doré ſur tranche. — 19

466. Les Edifices antiques de Rome, par Deſgodets, des premieres épreuves, & bien relié. Ce Livre d'Architecture eſt très-rare, & un des plus recherché.

467. Une partie de l'Oeuvre de le Clerc, en deux vol. contenant plus de ſept cent ſoixante Piéces. — 32

468. Les Ruines d'Athenes, & de la Grece, imprimès à Londres, avec diſcours Anglois, en vingt-ſix Planches d'élévations, & Plans, brochés en carton. — 21

469. Les Tombeaux des grands Roys, Princes, & grands Hommes d'Angleterre, en vingt-quatre feuilles, d'après les Deſſeins des meilleurs Peintres de France, & gravés par les plus habiles Graveurs du ſiécle. Grand Atlas, broché en carton, belles épreuves. — 24

470. Les Peintures à Freſque, qui ſe voyent ſur les Façades des principaux Edifices de Veniſe, données par M. Zanetti, cet habile Artiſte, y a joint un diſcours qui donne les explications de l'ouvrage, & fait connoître d'excellents morceaux du Giorgion, Titien, P. Veroneſe, & autres Maitres Vénitiens, qui n'avoient point encore été gravés; en vintgt-quatre feuilles. — 22

471. Les Camps Topographiques, de la Campagne de Weſphalie en 1757, avec le Journal de ſes Opérations, par Dubois, imprimé à la Haye en 1760, en feuille, 60 morceaux. — 4 — 13

Nº. 472. Les Fables d'Everdingen, en cinquante-sept Piéces, belles épreuves, brochés.

473. Le Journal du Camp fait à Compiegne, en 1759, &c. *in-8º.* relié en veau.

474. Quatre cent cinquante-deux Piéces par Chauveau, collées dans plusieurs volumes.

475. Divers Catalogues, avec les prix marqués, dont celui de l'Orangère, Pottier, Hoet, de la Haye, & autres.

476. *Inventioni Caprici di Carceri aqua forte,* en quatorze grandes feuilles.

477. Le Catalogue de l'Oeuvre de Rembrandt, avec le suplément, relié en veau.

478. Un Étui de Mathématiques, en cuivre de six pouces complet.

479. Un Porte-feuille de divers Desseins & Estampes qui seront divisés.

F I N.

Au Nº. 248, lisez, *gravée par l'Empereur,* au lieu de gravée, l'Empereur.

On pourra voir les articles contenues au présent Catalogue, deux jours avant la Vente.

www.ingramcontent.com/pod-product-compliance
Ingram Content Group UK Ltd.
Pitfield, Milton Keynes, MK11 3LW, UK
UKHW021146140726
13695UKWH00005B/1969